LES ROUES
La course de l'amitié

Inna Nusinsky
Illustrations de Michael Jay Roque

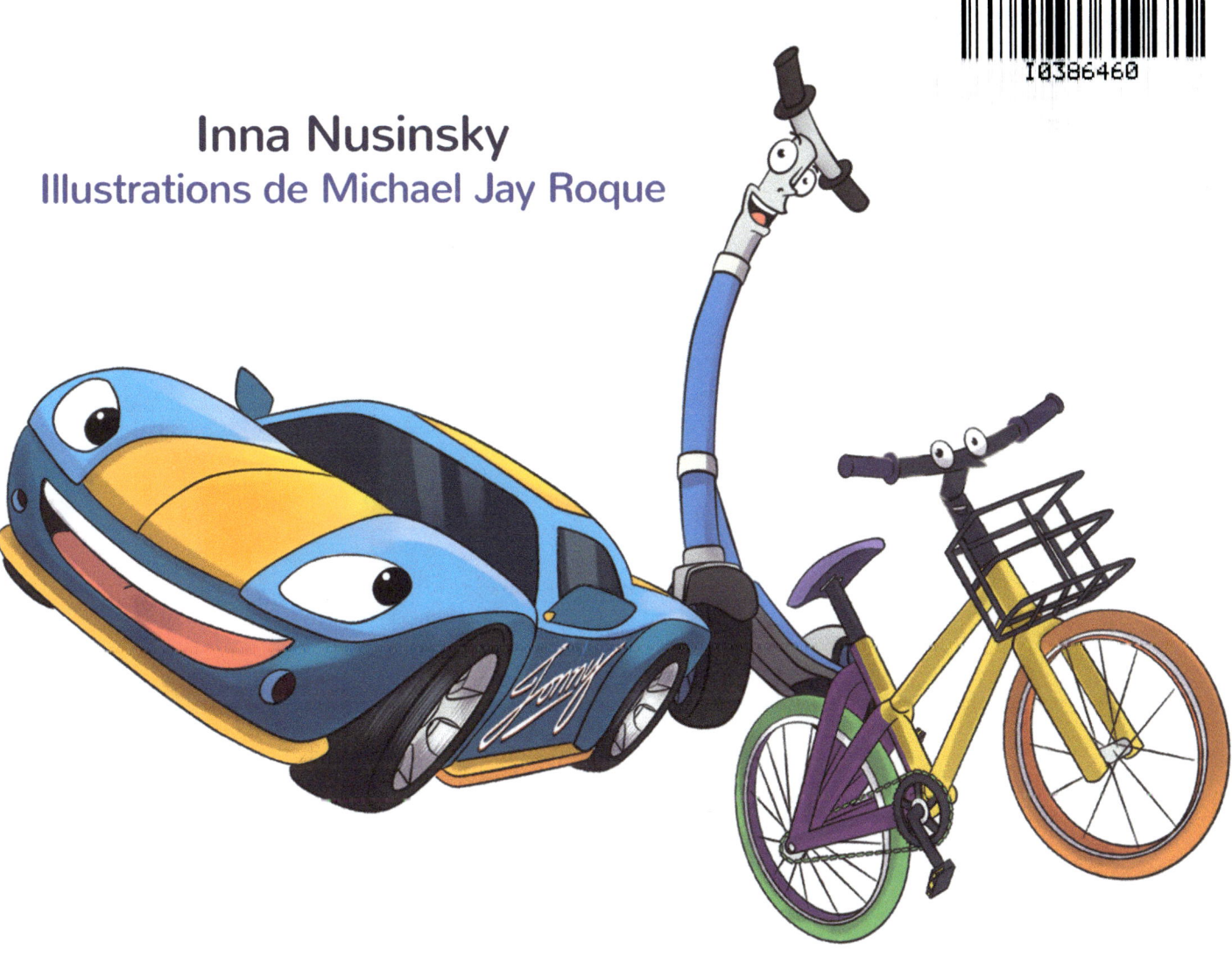

www.sachildrensbooks.com

Copyright©2015 by S.A. Publishing

innans@gmail.com

All rights reserved. No part of this book may be reproduced in any form or by any electronic or mechanical means, including information storage and retrieval systems, without written permission from the publisher or author, except in the case of a reviewer, who may quote brief passages embodied in critical articles or in a review. Tous droits réservés. Aucune reproduction de cet ouvrage, même partielle, quelque soit le procédé, impression, photocopie, microfilm ou autre, n'est autorisée sans la permission écrite de l'éditeur.

First edition, 2016

Translated from English by Sophie Troff

Traduit de l'anglais par Sophie Troff

The Wheels: The Friendship race (French Edition)
ISBN: 978-1-77268-853-5 paperback
ISBN: 978-1-77268-854-2 hardcover
ISBN: 978-1-77268-852-8 eBook

Although the author and the publisher have made every effort to ensure the accuracy and completeness of information contained in this book, we assume no responsibility for errors, inaccuracies, omission, inconsistency, or consequences from such information.

Jonny le bolide admirait son reflet dans la vitrine. Il se trouvait éblouissant ! Et quelle puissance – il pouvait battre n'importe quelle voiture de course.

– Je suis la fierté du quartier, se vantait-il.

À ce moment précis, des bruits de freinage ont perturbé ses douces rêveries.

Il a aperçu leurs reflets dans la vitrine : ses copains, Mike le vélo et Scott la trottinette.

– Salut Jonny ! ont dit ses amis. Ça roule ?

– Je me sens d'humeur à faire la course aujourd'hui, a lancé Jonny en faisant crisser ses pneus.

– On peut faire la course avec toi, a proposé Mike, tout excité.

– Les amis sont là pour ça, a ajouté Scott.

Jonny n'avait pas l'air très enthousiaste.
– Mouais... Un champion ne peut se mesurer qu'avec des adversaires à sa hauteur.

– Très bien, Jonny, a déclaré Scott. Alors on te met au défi de faire la course avec nous. Maintenant ! On prend tous les trois la route de la Colline et on verra bien qui arrivera le premier.

Jonny l'a toisé d'un sourire moqueur.

Ils ont roulé jusqu'à la route de la Colline, marquant le départ de la course.

Elle commençait par une côte raide ; Jonny a fait rugir son moteur et, en quelques secondes, il est arrivé en haut.

Mike le vélo était déjà à mi-parcours... mais la pauvre trottinette Scott, à bout de souffle, grimpait péniblement la côte.

En haut de la côte, Jonny s'est arrêté. Il a regardé dans le rétroviseur : ses amis étaient loin derrière lui.

Il s'ennuyait. Au moins, la radio passait de la bonne musique ! Il a fermé les yeux et s'est mis à bouger en rythme.

Soudain, quelque chose l'a dépassé en trombe. Il n'a vu que de la poussière. Mike ?

Avant qu'il ait pu réagir, quelque chose d'autre l'avait doublé. La poussière se dissipant, Jonny a scruté la route : c'était Scott qui était devant lui!

Impossible ! Il s'est mis à paniquer. C'est lui qui était censé gagner!

Quelques secondes plus tard, il est arrivé au tunnel. Des rochers énormes bloquaient la route. Une voiture ne réussirait jamais à passer au travers ! Même un bolide de course comme lui.

C'est alors qu'il a vu les traces des pneus de Mike et Scott. Ils avaient réussi à passer entre les rochers ! Jonny a soupiré.

À quoi sert la victoire si elle fait perdre mes amis ? a-t-il songé.

Quelques secondes plus tard, Scott l'a rejoint. Il lui a demandé .

– Pourquoi t'es-tu arrêté, Mike ? Tu pouvais gagner la course !

– Oui, mais... Jonny doit être resté coincé là-bas, a dit Mike en regardant l'entrée du tunnel.

Un silence s'est abattu sur eux.

– Tu veux qu'on aille voir ? a proposé Scott.

Un sourire a illuminé le visage de Mike.
– Allons-y ! s'est-il écrié en faisant demi-tour.

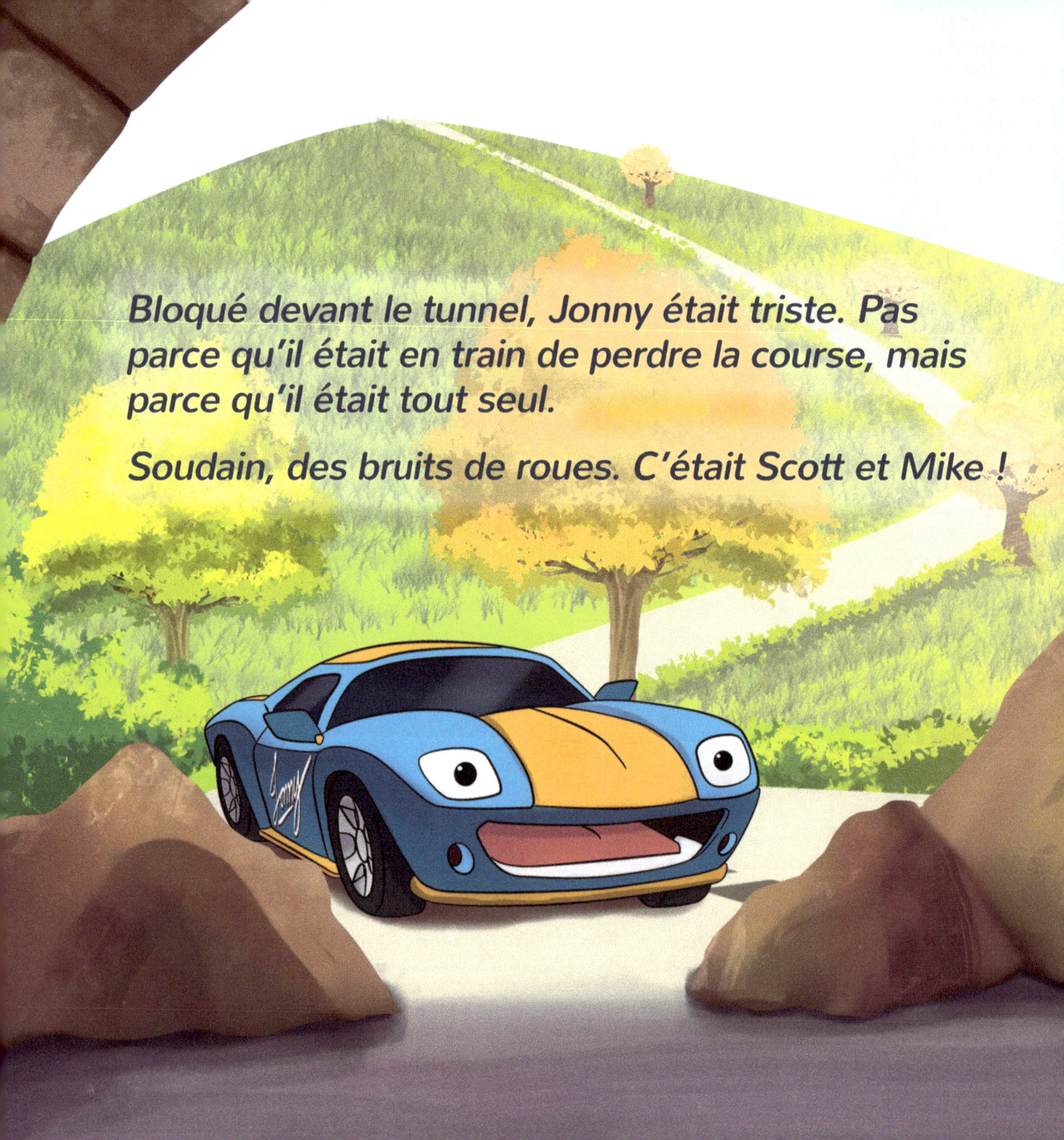

Bloqué devant le tunnel, Jonny était triste. Pas parce qu'il était en train de perdre la course, mais parce qu'il était tout seul.

Soudain, des bruits de roues. C'était Scott et Mike !

– Mike, il faut qu'on bouge ces rochers pour que Jonny puisse passer, a dit Scott.

Les deux amis ont uni leurs forces pour pousser les rochers hors du passage.

Ce n'était pas facile, mais ils ont poussé, poussé, et bientôt ils avaient libéré assez d'espace pour que Jonny se faufile à travers.

En riant, ils sont arrivés à la fin de la route de la Colline.

– On a gagné la course — tous les trois ! se sont exclamés Mike et Scott.

Seul Jonny restait silencieux, puis il a dit.
– Je me suis mal conduit avec vous. Mais j'ai réalisé qu'on est plus forts à plusieurs que tout seul. Merci, mes amis, de m'avoir aidé à comprendre ça.

Tout à coup, des applaudissements et des acclamations se sont élevés pour saluer ce petit groupe merveilleux de trois amis formidables...

Des amis qui avaient découvert qu'aucun d'entre eux n'était aussi fort que les trois ensemble.

www.ingramcontent.com/pod-product-compliance
Lightning Source LLC
Chambersburg PA
CBHW051305110526
44589CB00025B/2944